전통 의상, 국기,
음식 만들기 스티커북

화가와 떠나는 세계 문화 여행

팝팝진로맵연구소

팝팝북

화가와 떠나는 세계 문화 여행

이 책은 그림과 스티커로 세계 여러 나라의 문화를 재미있고 창의적으로 탐험할 수 있게 해줍니다. 각 나라의 수도와 언어를 배우는 것은 물론, 전통 의상과 국기를 꾸미면서 자연스럽게 문화의 다양성을 알게 됩니다.

특히 이 책에서 다루는 대표 음식들은 독창적인 방식으로 표현되어 있습니다. 화가가 직접 음식을 그리며 특유의 질감과 색감을 생생하게 재현한 후, 컴퓨터로 세밀하게 마무리하는 과정을 거쳤습니다. 이렇게 완성된 음식 그림은 각각의 재료 형태를 살린 퍼즐 스티커로 제작되어, 실제로 요리를 하는 듯한 특별한 체험을 할 수 있습니다. 세계 여러 나라 음식의 재료와 특성, 그리고 그에 담긴 문화적 의미를 색다르게 경험하는 기회가 됩니다.

상상력과 호기심을 키우고, 성취감을 얻을 수 있는 세계 여행, 이 책으로 시작해 보세요!

차례

이 책에서 소개하는 세계 20개국

아시아
대한민국/중국/일본/인도/튀르키예/베트남/몽골

유럽
프랑스/영국/독일/이탈리아/스위스/스페인/러시아/그리스

아메리카
미국/브라질/멕시코

오세아니아
오스트레일리아

아프리카
이집트

> 아시아

대한민국

수도: 서울
언어: 한국어

대한민국은 아시아의 한반도에 위치해 있으며, 삼면이 바다로 둘러싸여 있어요. 사계절이 뚜렷하고 아름다운 자연을 자랑해요. 독창적인 문자 '한글'을 사용하며, K-pop과 드라마 등 문화 콘텐츠가 세계적으로 사랑받고 있어요.

대한민국의 전통 의상 한복을 그림으로 체험하고, 빈칸에는 국기 스티커를 찾아 붙이세요. 그리고 스티커로 멋진 요리를 만들어 보세요.

비빔밥: 각종 야채와 고기, 계란 프라이, 고추장 등을 밥과 함께 비벼 먹는 음식이에요. 다양한 재료를 골고루 먹을 수 있어 맛도 좋고 영양도 풍부해요.

중국은 땅이 넓어서 지역마다 사용하는 말이 달라요. 먹거리가 풍부해서 세계적으로 유명한 음식도 많아요. 긴 역사와 풍부한 문화유산을 가지고 있으며, 세계에서 가장 긴 성벽인 만리장성으로 유명해요.

아시아

중국

수도: 베이징
언어: 중국어

중국의 전통 의상 치파오를 그림으로 체험하고, 빈칸에는 국기 스티커를 찾아 붙이세요. 그리고 스티커로 만두 요리를 만들어 보세요.

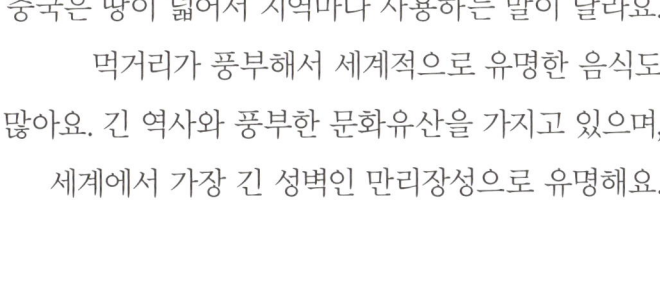

딤섬: 고기, 새우, 야채 등 다양한 재료를 만두피 안에 넣고 찌거나 튀겨서 만드는 한입 크기의 만두예요. 밥 대신 먹기도 하고 명절 음식으로도 먹어요.

아시아

일본

수도: 도쿄
언어: 일본어

일본의 전통 의상 기모노를 그림으로 체험하고, 빈칸에는 국기 스티커를 찾아 붙이세요. 그리고 스티커로 다양한 초밥을 만들어 보세요.

일본은 4개의 큰 섬과 3천여 개의 작은 섬으로 이루어져 있어요. 화산이 많고 지진이 자주 일어나요. 애니메이션과 만화 문화가 발달해 세계적으로 인기가 많아요. 스모, 유도, 검도는 일본에서 시작된 스포츠예요.

스시(초밥): 식초로 간을 한 밥 위에 여러 가지 생선이나 달걀, 채소 등을 얹어 먹는 음식이에요. 생선을 오랫동안 보존하기 위해 생선과 곡물을 함께 넣어 발효시킨 것에서 시작된 음식이에요.

인도는 땅도 넓지만 세계에서 인구가 가장 많은 나라예요. 인종, 종교, 언어가 다양해요. 세계 유산인 타지마할 등 수많은 사원이 있어요. 마하트마 간디와 같은 역사적인 인물이 독립운동에 큰 영향을 미쳤어요.

아시아

인도

수도: 뉴델리
공식 언어: 힌디어, 영어

인도의 전통 의상을 그림으로 체험하고, 빈칸에는 국기 스티커를 찾아 붙이세요. 그리고 대표적인 음식 커리를 스티커로 만들어 보세요.

커리: 커리는 강황과 여러 향신료를 넣어 만든 카레를 뜻해요. 채소나 고기 등 여러 가지 재료를 추가해 다양하게 만들 수 있어요.

아시아

튀르키예

수도: 앙카라
언어: 튀르키예어

튀르키예의 전통 의상을 그림으로 체험하고, 빈칸에는 국기 스티커를 찾아 붙이세요. 그리고 스티커로 맛있는 고기 요리를 만들어 보세요.

터키로 불리다가 2022년부터 튀르키예로 나라 이름을 바꾸었어요. 유럽과 아시아를 잇는 지리적 위치 덕분에 다양한 문화와 역사를 자랑해요. 그리스 신화에 나오는 트로이 유적과 전통 공예품인 융단이 유명해요.

케밥: 양념한 고기를 큰 꼬챙이에 꽂아 구운 다음, 얇게 잘라서 채소와 함께 빵에 넣어 먹는 음식이에요. 주로 양고기, 소고기, 닭고기를 사용해요.

베트남은 기후가 따뜻하고 기름져서 남쪽에서는 쌀을 1년에 3번 수확해요. 먹을거리가 풍부하고 여러 나라의 영향을 받아 음식문화가 다양하게 발달했어요. 아름다운 자연 경관으로도 유명해요.

아시아

베트남

수도: 하노이
언어: 베트남어

베트남의 전통 의상 아오자이를 그림으로 체험하고, 빈칸에는 국기 스티커를 찾아 붙이세요. 그리고 인기 많은 음식, 쌀국수를 스티커로 만들어 보세요.

쌀국수: 소고기나 닭고기로 국물을 내어 쌀로 만든 국수를 넣어 먹는 음식이에요. 고기, 숙주, 고수, 라임즙을 얹어 먹어요. 소화가 잘 되어 베트남에서는 아침식사 때 주로 먹는다고 해요.

9

아시아

몽골

수도: 울란바토르
언어: 몽골어

땅의 대부분이 초원이어서 목축이 발달했어요. 유목민들은 '게르'라는 이동식 집에서 생활하며 말이나 염소 등을 키워요. 칭기즈칸이 세운 몽골 제국의 역사적 유산으로 유명해요.

몽골의 전통 의상을 그림으로 체험하고, 빈칸에는 국기 스티커를 찾아 붙이세요. 그리고 스티커로 양고기 요리를 만들어 보세요.

허르헉: 양고기에 감자나 당근 같은 야채를 넣어 조리하는 음식이에요. 이때 불에 달군 돌로 익히는 특별한 방법을 사용해요.

프랑스는 예술과 패션의 중심지로 알려져 있어요. 에펠탑과 센 강이 있는 파리는 세계에서 관광객이 가장 많은 도시로 꼽혀요. 세계 최고의 와인을 만들어내는 것으로도 유명해요.

유럽

프랑스

수도: 파리

언어: 프랑스어

프랑스의 전통 의상을 그림으로 체험하고, 빈칸에는 국기 스티커를 찾아 붙이세요. 그리고 스티커로 대표적인 인기 음식을 만들어 보세요.

에스카르고: 식용 달팽이를 데친 후 마늘, 파슬리, 소금, 버터 등을 넣어 구워서 만든 음식이에요. 집게와 포크를 사용해서 속살을 꺼내 먹어요.

유럽

영국

수도: 런던
언어: 영어

영국의 전통 의상을 그림으로 체험하고, 빈칸에는 국기 스티커를 찾아 붙이세요. 그리고 스티커로 튀김 요리를 만들어 보세요.

영국은 여러 개의 섬으로 이루어져 있어요. 웨스트민스터 궁전 등 역사적인 건축물이 많고 템스강의 타워브리지가 유명해요. 셰익스피어와 같은 유명한 작가와 <셜록 홈즈>, <해리 포터 시리즈> 등의 문학작품이 많아요.

피시 앤 칩스: 흰살생선에 튀김옷을 입힌 생선튀김과 감자튀김을 함께 먹는 음식이에요. 생선튀김은 식초소스에 찍어 먹어요. 소금, 설탕으로 간을 한 다음 물에 삶아낸 완두콩을 곁들여 먹기도 해요.

독일은 동독과 서독으로 나뉘었다가 통일이 되면서 베를린 장벽이라는 유적을 남겼어요. 소시지와 맥주, 전통 공예품인 호두까기 인형이 유명해요. 세계적으로 유명한 철학자, 음악가, 소설가들이 많아요.

유럽

독일

수도: 베를린
언어: 독일어

독일의 전통 의상을 그림으로 체험하고, 빈칸에는 국기 스티커를 찾아 붙이세요. 그리고 스티커로 양배추 요리를 만들어 보세요.

자우어크라우트: 양배추를 소금이나 식초에 절여 발효시킨 음식이에요. 주로 소시지에 곁들여 먹어요. 소시지와 자우어크라우트를 빵에 끼워 먹기도 해요.

유럽

이탈리아

수도: 로마
언어: 이탈리아어

이탈리아의 전통 의상을 그림으로 체험하고, 빈칸에는 국기 스티커를 찾아 붙이세요. 그리고 스티커로 맛있는 피자를 만들어 보세요.

이탈리아는 지중해 한가운데 있는 장화 모양의 나라예요. 역사가 오래된 수도 로마는 서양문명의 중심지였어요. 베네치아는 크고 작은 섬으로 이루어진 물의 도시예요. 세계에서 유네스코 문화유산이 가장 많아요.

피자: 밀가루 반죽을 얇게 펴서 토마토소스, 치즈, 채소, 살라미, 어패류 등 다양한 재료를 얹어 구워서 만드는 음식이에요. 피자는 대체로 둥근 형태지만 반으로 접거나 네모난 모양도 있고, 만두처럼 속을 넣어 만든 것도 있어요.

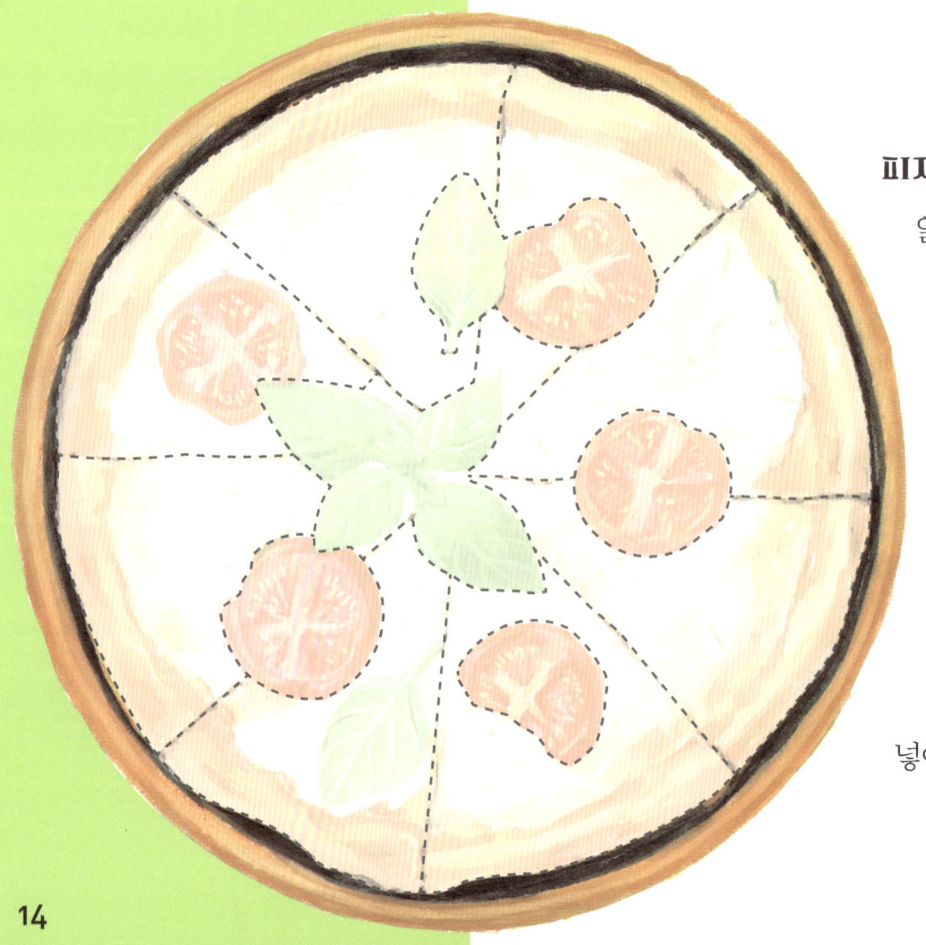

스위스는 국제기구의 본부가 많은 중립국으로 알려져 있어요. 알프스산맥이 뻗어 있어서 겨울 스포츠가 발달했어요. 세계적인 금융 중심지이기도 해요. '롤렉스'를 비롯한 시계 브랜드, 치즈와 초콜릿 생산지로도 유명해요.

유럽

스위스

수도: 베른
언어: 독일어, 프랑스어, 이탈리아어, 로만슈어

스위스의 전통 의상을 그림으로 체험하고, 빈칸에는 국기 스티커를 찾아 붙이세요. 그리고 스티커로 치즈 요리를 만들어 보세요.

퐁뒤: 한입 크기의 빵, 고기, 과일을 꼬챙이에 끼워 치즈를 녹인 소스에 찍어 먹는 음식이에요. 알프스 지역에서 시작된 전통요리예요. 오일 퐁뒤, 와인 퐁뒤, 초콜릿 퐁뒤 등 여러 가지 종류가 있어요.

유럽

스페인

수도: 마드리드
언어: 스페인어

스페인은 영어 이름인 에스파냐라고도 해요. 플라멩코 춤이나 토마토 축제가 유명하며, 관광산업이 발달했어요. 투우사가 소와 싸우는 투우도 유명해요. 한낮에는 무더위 때문에 낮잠을 자는 '시에스타'라는 풍습이 있어요.

스페인의 전통 의상을 그림으로 체험하고, 빈칸에는 국기 스티커를 찾아 붙이세요. 그리고 스티커로 노란색의 밥 요리를 완성해 보세요.

파에야: 오징어, 새우, 홍합 등의 해산물과 고기, 야채를 볶은 다음 쌀을 넣어 익힌 음식이에요. '사프란'이라는 향신료를 넣어 노란색을 띠어요.

러시아는 세계에서 가장 큰 나라예요. 북극과 가까워 겨울에는 엄청나게 추워요. 시베리아 횡단 열차로 러시아를 일주일 안에 여행할 수 있어요. 세계 여러 나라를 돌며 공연하는 볼쇼이 서커스와 인형 안에 인형을 넣은 마트료시카가 유명해요.

유럽

러시아

수도: 모스크바
언어: 러시아어

러시아의 전통 의상을 그림으로 체험하고, 빈칸에는 국기 스티커를 찾아 붙이세요. 그리고 스티커로 맛있는 수프를 만들어 보세요.

보르쉬: 소고기나 돼지고기, 붉은색의 순무, 감자, 양배추, 당근, 양파 등을 넣고 끓인 수프예요. 우유를 발효시킨 사워크림 '스메타나'를 곁들여 먹어요.

17

유럽

그리스

수도: 아테네
언어: 그리스어

고대 문명의 중심지로, 세계 유산인 올림피아 유적과 파르테논 신전은 유명한 관광지예요. 작은 도시국가였던 아테네에서 최초로 민주주의가 시작되었어요. 그리스 요리는 신선한 재료와 올리브 오일을 많이 사용해서 건강하고 맛있어요.

그리스의 전통 의상을 그림으로 체험하고, 빈칸에는 국기 스티커를 찾아 붙이세요. 그리고 대표 인기 음식 무사카를 스티커로 만들어 보세요.

무사카: 가지를 비롯한 다양한 야채와 고기를 볶아 층층이 쌓은 다음 맨 위에 크림 맛이 나는 베샤멜소스를 뿌려서 구운 음식이에요. 주로 특별한 날에 만들어 먹어요.

미국은 다문화 국가로 민주주의와 자유를 중요하게 생각해요. 할리우드 영화와 음악 산업의 중심지로 문화적인 영향을 세계에 끼치고 있어요. 자유의 여신상과 그랜드 캐니언 국립공원, 그리고 햄버거가 유명해요.

아메리카

미국

수도: 워싱턴 D.C.
언어: 영어

미국의 전통 의상을 그림으로 체험하고, 빈칸에는 국기 스티커를 찾아 붙이세요. 그리고 스티커로 미국의 명절 음식을 만들어 보세요.

칠면조 구이: 칠면조를 오븐에 구운 다음 그레이비소스나 크랜베리소스를 끼얹어 먹는 음식이에요. 칠면조는 닭과 비슷한데 기름기가 없고 담백해요. 크고 푸짐해서 명절에 가족이 모여 먹어요.

아메리카

브라질

수도: 브라질리아
언어: 포르투갈어

브라질은 다양한 인종이 어울려 살고 있어요. 세계에서 가장 큰 강인 아마존 강이 북쪽으로 흐르고 있어요. 전 세계 커피의 절반을 생산하며, 오렌지 생산량도 세계 1위예요. 전통춤 '삼바'와 축구로 유명해요.

브라질의 전통 의상을 그림으로 체험하고, 빈칸에는 국기 스티커를 찾아 붙이세요. 그리고 스티커로 꼬치구이를 만들어 보세요.

슈하스코: 고기와 야채, 과일과 같은 여러 가지 재료를 꼬치에 꽂아 숯불에 구운 음식이에요. 카우보이들이 고기를 모닥불에 구워 먹던 풍습에서 유래한 음식이에요.

멕시코는 오랜 역사를 가진 나라로 세계 유산으로 등록된 고대 유적이 많아요. 수도인 멕시코시티는 세계에서 가장 큰 도시로 꼽혀요. 선인장이 많이 자라고, 전통 의상을 입은 음악가들이 유명해요.

> 아메리카

멕시코

수도: 멕시코시티

언어: 스페인어

멕시코의 전통 의상을 그림으로 체험하고, 빈칸에는 국기 스티커를 찾아 붙이세요. 그리고 스티커로 매콤한 요리를 만들어 보세요.

타코: 옥수숫가루나 밀가루로 만든 토르티야 빵에 고기, 해물, 채소 등 다양한 재료를 넣은 음식이에요. 매콤한 '살사소스'를 뿌려 먹어요.

오세아니아

오스트레일리아

수도: 캔버라

언어: 영어

호주라고도 불리는 오스트레일리아는 국토의 대부분이 사막이나 고원이에요. 사람들이 주로 해변에서 살아서 해양 스포츠가 발달했어요. 세계 유산인 시드니 오페라 하우스가 유명해요. 캥거루나 코알라 같은 독특한 동물들이 많이 살아요.

오스트레일리아의 전통 의상을 그림으로 체험하고, 빈칸에는 국기 스티커를 찾아 붙이세요. 그리고 스티커로 맛있는 파이를 만들어 보세요.

미트파이: 다진 고기와 그레이비를 넣어 손바닥 크기의 파이로 만든 음식이에요. 양파, 버섯, 치즈를 추가로 넣기도 해요.(그레이비는 고기를 구울 때 나오는 육즙으로 만든 소스를 말해요.)

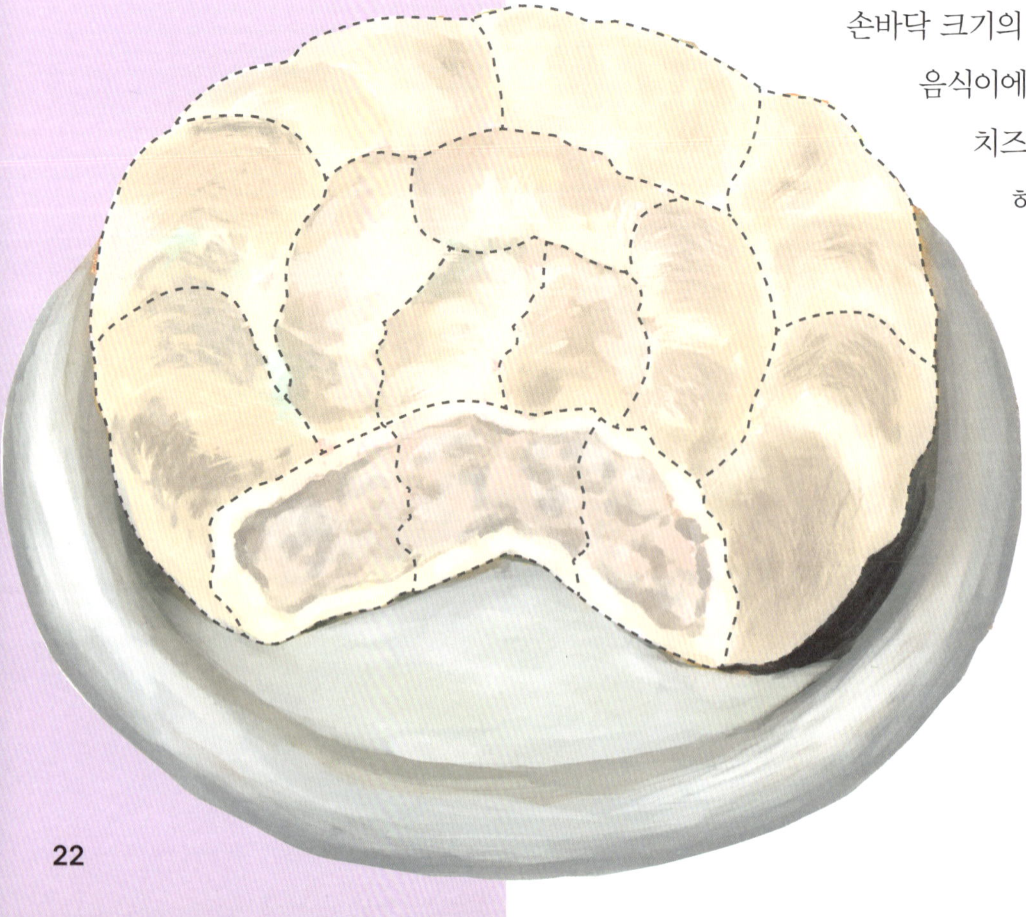

이집트는 땅의 대부분이 사막이에요. 나일 강 주변의 땅이 기름져서 농사를 지을 수 있고 석유 자원이 풍부해요. 고대문명의 중심지로 피라미드와 스핑크스 등의 유적이 많아 관광지로 발전했어요.

아프리카

이집트

수도: 카이로
언어: 아랍어

이집트의 전통 의상을 그림으로 체험하고, 빈칸에는 국기 스티커를 찾아 붙이세요. 그리고 스티커로 맛있는 튀김 요리를 만들어 보세요.

따미야: 누에콩을 갈아서 양파나 고수, 향신료를 넣고 둥글게 빚어서 튀긴 음식이에요. 이집트 전통 음식인 '에이쉬'라는 빵에 야채와 함께 끼워 먹기도 해요.

세계 음식을 그린 화가

이 책 속의 음식을 그린 화가는 서울대학교 서양화과를 졸업하고
미국의 NYIT 대학원에서 컴퓨터그래픽을 공부했어요.
이후 그림과 그래픽, 그리고 사진과 관련된 일을 꾸준히 해오고 있답니다.

전통 의상, 국기, 음식 만들기 스티커북
화가와 떠나는 세계 문화 여행

1판 1쇄 발행	2024년 11월 1일
기획	팝팝진로맵연구소
펴낸이	김연순
음식 일러스트	훈 갤러리
표지 및 본문 디자인	정계수
펴낸곳	도서출판 팝팝북
등록	2020년 3월 3일(제2020-000138호)
주소	경기도 파주시 송학1길 158-22 102-101
전화	070-8807-7750
팩스	031-947-7750
전자우편	popopbook@naver.com
홈페이지	www.popopbook.com
블로그	http://blog.naver.com/popopbook

ISBN 979-11-970113-4-4 73300

* 책 가격은 뒤표지에 있습니다.
* 잘못된 책은 구입한 곳에서 바꿔 드립니다.

마크 자율안전확인신고필증번호 CB062H078-1001
1.품명: 어린이 완구 2.모델명: 팝팝북 진로교재 3.제조연월일: 2024.11 4.제조사: 도서출판 팝팝북 5.사용연령: 만 6세 이상
6.제조국: 한국 7.주의·경고: 책 모서리에 다치지 않도록 주의하세요.

베트남

독일

몽골

이탈리아

스페인

그리스

미국

중국

멕시코

이집트

오스트레일리아